LECTURES CLE EN FRA

CW01671545

Les Hauts de Hurlevent

Emily Brontë

Adapté en français facile
par Hélène Nguyen

CLE
INTERNATIONAL

Crédits photographiques
Couverture : Creaturart / Adobe Stock
Page 3 : BIS / Ph. British Council Coll. Archives Larbor

Direction éditoriale : Béatrice Rego
Édition : Sylvie Hano
Couverture : Fernando San Martin
Mise en page : Isabelle Vacher
Illustrations : Conrado Giusti
Enregistrement : Vincent Bund

© CLE International, 2018
ISBN : 978-209-031882-1

N° de projet : 10230836 - Dépôt légal : mars 2018
Imprimé en France en mars 2018 par la Nouvelle Imprimerie Laballery - N° 802330

EMILY BRONTË naît le 30 juillet 1818 en Angleterre, dans le Yorkshire. Elle est la cinquième d'une famille de six enfants, dont le père est pasteur. La famille vit dans un village isolé, entouré de collines près de la lande. Emily perd sa mère très jeune et elle est envoyée en pension avec ses sœurs. Ses deux sœurs aînées y meurent de la tuberculose (maladie respiratoire). Emily rentre chez elle avec sa sœur Charlotte. Elles retrouvent Anne, leur plus jeune sœur, dont Emily est très proche, et leur frère, Brandwell. Toute la famille lit et écrit avec passion. Ensemble ou séparément, ils produisent des histoires et des poèmes.

Emily est très solitaire, elle devient cependant institutrice à Halifax. Rapidement elle abandonne son poste et part, en 1842, à Bruxelles. Elle y apprend le français et le piano. À son retour chez elle, Emily mène une vie solitaire. Quand elle ne se promène pas dans la lande, elle écrit.

En 1846, les sœurs Brontë publient un recueil de poème sous un pseudonyme masculin, en raison des préjugés de l'époque envers les auteurs femmes. En 1847, Emily Brontë publie, toujours sous son pseudonyme masculin (Ellis Bell), son unique roman *Les Hauts de Hurlevent* (*Wuthering Heights*), qui connaît un certain succès.

Emily Brontë meurt de la tuberculose le 19 décembre 1848 à l'âge de trente ans.

Les Hauts de Hurlevent se caractérise par une écriture dense. C'est une œuvre très personnelle mais dans laquelle l'influence du romantisme allemand est présente. Par son intensité, le roman d'Emily Brontë est parfois comparé à une tragédie grecque ou à une œuvre de Shakespeare.

Les personnages d'Emily Brontë sont souvent cruels, mais le récit s'achève dans une atmosphère de paix. L'auteur suggère le triomphe du Bien sur le Mal, de la paix sur la vengeance.

C'est seulement bien après sa mort, vers la fin du XIXe siècle, que le talent d'Emily Brontë sera vraiment reconnu.

Les Hauts de Hurlevent a été adapté plusieurs fois au cinéma. En 1992, Peter Kosminsky en propose une version avec Juliette Binoche et Ralph Fiennes.

Les mots ou expressions suivis d'un astérisque (*) sont expliqués dans le Vocabulaire, page 60.

Arbre généalogique

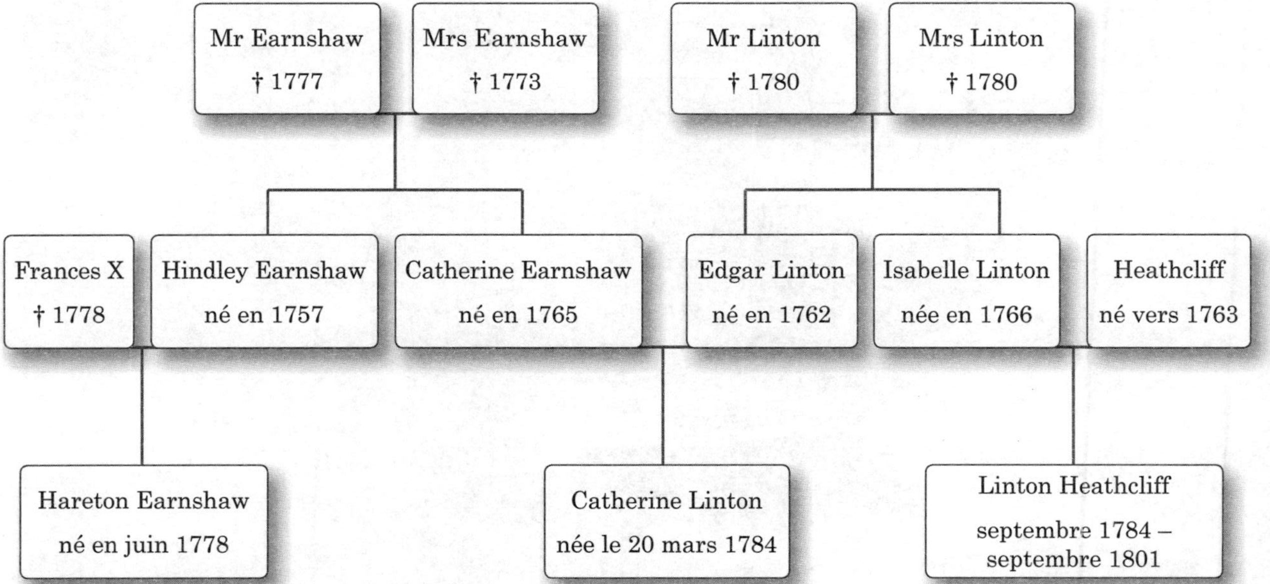

1500 · HARETON EARNSHAW ·

CHAPITRE 1

1801

Je me suis installé dans une belle région désertique d'Angleterre qui est un vrai paradis pour misanthrope[1]. J'habite Thrushcross Grange et mon voisin et propriétaire s'appelle Mr Heathcliff. J'ai décidé d'aller me présenter à lui. Sa maison s'appelle Hurlevent. La façade porte les inscriptions « 1500 » et « Hareton Earnshaw ». Heureusement, c'est une construction solide car la maison est exposée aux vents violents du Nord.

– Entrez, Mister Lockwood , me dit Joseph, le domestique.

En serrant la main du maître de maison, je l'observai. Mr Heathcliff avait l'apparence d'un bohémien et les manières d'un gentilhomme. Il devait avoir environ 40 ans. Son regard était noir et méfiant. Il m'offrit un verre de vin.

– Vous feriez mieux de laisser la chienne tranquille, me jeta-t-il alors que je tentai de la caresser. Et l'animal me montra ses crocs[2] humides de bave en grognant. Malgré les manières brutales de Mr Heathcliff, je décidai de retourner le voir le lendemain.

Lorsque j'arrivai à Hurlevent ce jour-là, le froid m'avait saisi et je frissonnais*. Un jeune homme qui me sembla être un garçon de ferme me fit entrer. Je fis également la connaissance d'une très belle jeune fille, au visage gracieux et au corps élancé. Des boucles dorées flottaient sur son cou délicat. Je pensai qu'elle était l'épouse de Mr Heathcliff.

---

1. Un misanthrope : une personne qui n'aime pas les autres humains.
2. un croc : une dent pointue et coupante de chien.

En réalité, elle était sa belle fille. Tout aussi peu accueillante que son beau-père, elle ne dit pas un mot.

Quant au garçon de ferme, je supposai qu'il était le fils de Mr Heathcliff. Lorsque j'émis cette hypothèse, le jeune homme s'écria :

– Je m'appelle Hareton Earnshaw. Et je vous prie de respecter mon nom.

Malgré l'étrange comportement de mes hôtes[3], je dus passer la nuit à Hurlevent car la neige tombait à gros flocons et je n'aurais jamais pu retrouver mon chemin dans la nuit.

Après un dîner à l'ambiance sinistre, Zillah, la vigoureuse servante, me conduisit dans une chambre à l'étage. Elle me recommanda de masquer la chandelle et de ne faire aucun bruit parce que Mr Heathcliff n'aimait pas loger des visiteurs dans cette chambre.

La chambre était meublée très simplement avec une chaise, une armoire et une grande caisse fermée, avec des ouvertures, qui servait de lit. J'y entrai et je m'y sentis à l'abri. Sur le rebord de la fenêtre où je posai ma chandelle, je lus des inscriptions étranges : « Catherine Earnshaw », « Catherine Heathcliff », « Catherine Linton. »

Glacé et nauséeux[4], j'ouvris un vieux livre poussiéreux intitulé « Catherine Earnshaw, son livre » et je commençai à lire. *« J'aimerais que mon père revienne. Hindley est si cruel envers Heathcliff. Il ne veut plus qu'il passe à table avec nous ni qu'il joue avec moi. »* Je m'endormis sur le livre et je tombai dans un sommeil agité d'horribles cauchemars*. Ce fut la pire nuit de ma vie. Je rêvai que Joseph, le domestique, me raccompagnait dans la neige.

3. un hôte : ici une personne qui reçoit des invités.

4. nauséeux/se : qui a envie de vomir.

Soudain, il me menaçait d'un gourdin, puis nous assistions à un sermon en quatre cent quatre vingt onze parties et pour finir, une armée de pèlerins en colère m'attaquaient et finissaient par se battre entre eux. Une branche de sapin tapait contre la caisse de mon lit. Comme j'étendais la main pour faire cesser le bruit, je saisis une petite main glacée et une voix suppliante s'écria « Laissez-moi entrer... laissez-moi entrer ! » Je demandai « Qui êtes-vous ? » et la voix me répondit « Catherine Linton. » J'essayai alors de me lever, mais je m'aperçus que je ne pouvais plus bouger un seul membre. Saisi d'effroi*, je poussai un cri et je me réveillai en sursaut.

J'étais sûr que la chambre était hantée. Des pas rapides s'approchèrent et Heathcliff entra.

– Qui vous a introduit dans cette chambre ? dit-il.

Il était tout pâle, sa mâchoire tremblait et il grinçait des dents.

– C'est Zillah qui m'a conduit ici. Je pense qu'elle a voulu prouver que cette pièce était hantée. Eh bien, elle l'est... Elle est remplie de mauvais génies et de fantômes.

– Recouchez-vous et cessez de crier, pour l'amour de Dieu !

– Je ne vais pas m'exposer davantage aux persécutions de vos ancêtres, ajoutai-je en m'habillant. Je vais marcher dans la cour en attendant le lever du jour.

– Les chiens montent la garde en bas. Restez dans l'escalier et les couloirs !

Alors que je m'éloignais, Heathcliff monta sur le lit, ouvrit la fenêtre et dit dans une crise de larmes : « Entre, Cathy, amour de mon cœur ».

Le spectre[5] ne donna pas signe de vie, tandis que la neige et le vent entraient en tourbillon, éteignant la chandelle. Nous sommes alors descendus à la cuisine. Raminagrobis, un chat gris tacheté, m'accueillit d'un miaulement plaintif. Après avoir assisté à une violente dispute entre Mr Heathcliff et sa belle fille, je voulus rentrer chez moi le plus vite possible. Par chance, Mr Heathcliff m'offrit de me raccompagner à travers la lande*. Le chemin avait disparu sous une épaisse couche de neige. On ne voyait plus ni la ligne de pierres disposées le long de la route, ni le fossé marécageux* de part et d'autre de celle-ci. Mr Heathcliff me guida mais nous ne parlions pas beaucoup. Lorsqu'il me laissa à l'entrée du parc de Thrushcross Grange, nous nous sommes salués hâtivement. Après encore de longues heures de marche difficile, m'enfonçant parfois jusqu'au cou dans la neige, j'arrivai chez moi à midi. J'avais mis une heure pour parcourir chaque mille.

La bienveillante[6] Mrs Dean, suivie des autres domestiques, se précipita pour m'accueillir :

– Vous voilà enfin, nous vous croyions perdu, Mr Lockwood !

Je mis des vêtements secs, marchai de long en large pendant trente ou quarante minutes pour rétablir la circulation du sang dans mon corps puis je me retirai dans mon bureau. J'étais trop faible pour profiter du feu de cheminée et du café que Mrs Dean m'avait préparés.

---

5. un spectre : l'apparition d'un mort.
6. bienveillant(e) : qui montre de bonnes dispositions à l'égard d'une personne.

CHAPITRE 2

Les hommes sont changeants. Alors que j'avais décidé de me couper de tous liens sociaux, mon état d'esprit se modifia rapidement. Quelques jours plus tard, lorsque Mrs Dean me porta mon dîner, je lui proposai de me tenir compagnie et l'interrogeai.

– Je sers à Thrushcross Grange depuis dix-huit ans, me dit-elle.

– Les temps ont bien changé depuis votre arrivée ?

– Oui, et j'ai vu beaucoup de malheurs.

– Pourquoi Mr Heathcliff loue-t-il sa plus belle maison ? demandai-je. N'est-il pas assez riche pour l'habiter ?

– Il est fort riche et sa fortune augmente chaque année. Mais il est terriblement avare[7].

– A-t-il un fils ?

– En effet, mais son fils est mort. La jeune Mrs Heathcliff est sa veuve. Elle est la fille de mon maître précédent. Son nom de jeune fille est Catherine Linton. J'ai élevé cette pauvre petite. Comment va-t-elle ?

Je pensai un moment à la Catherine fantôme mais je compris vite que ce ne pouvait pas être la même personne.

– Elle a l'air en très bonne santé mais pas heureuse. Et qui est cet Hareton Earnshaw ?

– Il est le neveu de feu[8] Mrs Linton, le cousin de la jeune femme. Le dernier d'une très ancienne lignée.

– Pourriez-vous bavarder une heure avec moi et me raconter l'histoire de mes voisins, Mrs Dean ?

– Certainement, monsieur.

7. avare : qui n'aime pas dépenser son argent.
8. feu(e) : signifie que la personne est morte.

La brave Mrs Dean alla chercher son panier à couture, s'assit à côté de moi et commença son récit. J'avais la tête chaude et les pieds glacés, et une sorte d'excitation nerveuse me saisit.

– Ma mère a élevé Mr Hindley Earnshaw, le père d'Hareton Earnshaw, et j'ai grandi à Hurlevent. J'ai vécu avec les enfants tout en aidant à la ferme. Un jour, Mr Earnshaw père, l'ancien maître, partit pour Liverpool. Il allait parcourir cent vingt milles à pied. Avant son départ, il demanda à ses enfants ce qu'ils voulaient qu'il leur ramène. Hindley choisit un violon et Cathy un fouet pour les chevaux. Bien qu'elle n'eût que six ans, elle pouvait monter n'importe quel cheval de l'écurie[9]. Trois jours plus tard, Mr Earnshaw rentra de Liverpool épuisé.

– Acceptons ce don de Dieu, dit-il à sa femme.

Et nous vîmes un jeune enfant tout noir, sale et assez grand pour parler et marcher.

– Je l'ai trouvé dans une rue de Liverpool sans pain ni foyer. Personne ne savait à qui il appartenait. J'ai décidé de le ramener à la maison.

Hindley et Cathy cherchèrent leurs cadeaux dans les poches de leur père. Le violon de Hindley était cassé, ce qui fit pleurer le garçon alors qu'il avait déjà quatorze ans. Quand au fouet de Cathy, il avait été perdu en chemin. Cathy cracha au visage de l'enfant, son père lui donna alors une forte gifle. Ce soir-là, nous refusâmes tous que l'enfant dorme avec nous.

Mr et Mrs Earnshaw donnèrent à l'enfant le nom d'Heathcliff, en souvenir d'un de leurs enfants mort en bas âge. Heathcliff était à la fois son prénom et son nom de

---

9. une écurie : lieu où vivent les chevaux.

famille. Hindley se montra hostile et brutal envers lui. Il le détestait. L'enfant semblait endurer les mauvais traitements avec résignation. Sa résistance à la douleur physique était étonnante. En revanche Cathy, sa sœur, devint rapidement son amie et je finis par l'accepter aussi. Mr Earnshaw protégeait l'orphelin contre Hindley. Heathcliff n'exprima jamais aucune gratitude, il semblait insensible.

Deux ans plus tard, Mrs Earnshaw mourut ; la maison était empoisonnée par la rivalité entre les deux garçons. Lorsque sa santé commença à décliner, Mr Earnshaw père prit encore plus systématiquement la défense de Heathcliff, ce qui renforça l'orgueil de ce dernier. Hindley fut envoyé au collège. Joseph, le domestique, tourmentait Mr Earnshaw au sujet de son âme et le poussait à faire preuve d'une plus grande rigueur à l'égard de ses enfants. Quant à Cathy, elle devint une petite sauvage à la fois méchante et charmante.

Mr Earnshaw mourut, un soir d'octobre orageux*. Cathy et Heathcliff poussèrent un cri déchirant puis passèrent la nuit à évoquer le paradis. Hindley revint pour l'enterrement avec une femme dont nul ne connaissait la famille. Elle avait un comportement étrange. Tous les objets de la maison semblaient l'enchanter. Mais lorsqu'elle vit les veilleurs mortuaires[10] vêtus de noir, elle se mit à pleurer. Elle dit qu'elle ne supportait pas la vue du noir et avait peur de mourir. Tandis que sa femme devenait revêche[11], la haine de Hindley envers Heathcliff réapparut. Il l'envoya travailler avec les valets de ferme et supprima les leçons du pasteur[12].

---

10. les veilleurs mortuaires : personnes qui restent auprès du mort.
11. revêche : désagréable, agressif/ve.
12. le pasteur : le prêtre dans la religion protestante.

Catherine et Heathcliff grandissaient comme des petits sauvages. Ce qu'ils préféraient, c'était passer la journée ensemble dans la lande. Lorsqu'ils manquaient l'église, Joseph et Hindley battaient Heathcliff et le pasteur donnait des pensums[13] à Catherine. Mais rien ne touchait ces enfants tant qu'ils étaient ensemble, et ils devinrent de plus en plus indisciplinés. Un soir, je les appelai pour le dîner et ne les trouvai nulle part. Nous les avons cherchés partout. Heathcliff frappa à la porte :

– Où est Catherine ? lui demandai-je affolée.

– Nous avons fait la course jusqu'à Thrushcross Grange. Là bas, nous avons épié la famille Linton par la fenêtre. Edgar et Isabelle, ces enfants ridicules, se disputaient. Tout à coup, un bouledogue a attrapé Cathy à la cheville. Les Linton et leurs domestiques nous ont pris pour des voleurs jusqu'à ce qu'ils nous reconnaissent pour nous avoir vu à l'église. J'ai été renvoyé et ils ont gardé Cathy.

* * *

Cathy resta cinq semaines à Thrushcross Grange, jusqu'à Noël. Lorsqu'elle revint à Hurlevent, elle était habillée avec une grande élégance et ses manières avaient changé. Elle toucha à peine les chiens qui sautaient vers elle de peur de se salir et m'embrassa délicatement comme je sortais juste de la cuisine, couverte de farine. À cette époque, Heathcliff était encore moins ami avec l'eau et le savon qu'autrefois et avait le visage et les mains tout noirs. Lorsqu'elle le vit, Catherine lui donna cependant sept ou huit baisers sur les joues, le regarda et lui dit en riant :

13. un pensum : une punition.

– Tu sembles en colère, et tu es drôle et laid ! Mais c'est parce que je suis habituée à Edgar et Isabelle Linton.

Heathcliff refusa de lui serrer la main.

– M'as-tu oubliée Heathcliff ? Quand tu te seras lavé et brossé les cheveux, tout ira bien. Je ne voulais pas me moquer, dit-elle.

Catherine lui prit une main et regarda les doigts noirs.

– Vous n'avez pas besoin de me toucher, s'écria Heathcliff, et il sortit précipitamment. Catherine ne comprit pas pourquoi elle l'avait vexé.

Repensant à Mr Earnshaw père, je me dis que, plutôt que de se plaindre des défauts d'Heathcliff, il fallait essayer d'en corriger quelques uns. J'allai le chercher à l'écurie où il s'occupait du poney et donnait à manger aux bêtes.

– Venez-vous habiller proprement et vous pourrez passer la soirée avec Catherine devant le feu, lui dis-je.

Heathcliff ne répondit pas. Il ne vint pas dîner avec Joseph et moi ce soir-là. Le lendemain matin, il partit tôt se promener dans la lande. À son retour, il me dit :

– Nelly, aidez-moi à être présentable[14], je veux être sage.

– Il est temps, Heathcliff, car vous avez causé de la peine à Miss Catherine. Ne vous inquiétez pas, vous êtes bien plus grand et fort qu'Edgar.

– Oui, mais je suis moins beau. Je voudrais être blond, élégant, avoir de bonnes manières et une chance d'avoir un jour autant d'argent que lui.

– Venez devant le miroir et regardez-vous Heathcliff, lui dis-je. Prenez une expression plus confiante et moins haineuse. Qui sait, peut-être êtes-vous le fils d'un empereur ou d'une reine d'Orient ?

---

14. présentable : qui est suffisamment bien ou proprement habillé pour se montrer.

Une voiture arriva dans la cour. Heathcliff prit un air plus aimable. Les deux Linton, vêtus de fourrure, et les Earnshaw arrivaient de l'église. Ils entrèrent dans la maison et Catherine installa les Linton près du feu. Au moment où Heathcliff s'avança pour saluer avec bonne humeur, Hindley le repoussa brusquement et dit à Joseph d'envoyer le garçon au grenier jusqu'à la fin du repas pour éviter d'avoir à supporter ses mauvaises manières à table. Malgré mon opposition, Hindley ne changea pas d'avis et menaça de lui tirer les cheveux. Edgar ajouta que ses cheveux ressemblaient à une crinière. Furieux, Heathcliff attrapa une soupière pleine de jus de pommes brûlant et la lança sur Edgar.

Pendant que celui-ci gémissait et que j'essuyais son visage et son cou, Catherine lui reprochait d'avoir parlé à Heathcliff. Hindley revint à table après avoir administré une correction à Heathcliff et tout le monde dîna gaiement. Profitant de l'ambiance joyeuse, Catherine monta rejoindre Heathcliff au grenier. Après le départ des invités, Heathcliff descendit manger. Il avait peu d'appétit et me dit :

– Un jour, je me vengerai de Hindley, même si je dois attendre très longtemps.

Mrs Dean me fit observer qu'il était tard et qu'elle devait me laisser dormir.

– Poursuivez ! dis-je. Votre sens de l'observation est remarquable.

* * *

– Je vais donc poursuivre mon histoire. Je me permettrai de passer à l'été suivant... l'été 1778. « Un beau petit garçon vient de naître ! » m'annonça un jour une petite fille qui arriva en courant alors que j'étais en train de travailler aux champs. « Venez vite car Mrs Earnshaw est très malade. »

Je descendis rapidement à la maison et je trouvai le pauvre Hindley qui était désespéré, tant il aimait sa femme.

– Le docteur Kenneth se trompe, Frances va très bien, elle a juste eu une fièvre qui est maintenant passée, dit-il.

Une semaine plus tard, Frances mourut dans ses bras après une violente quinte de toux. Le bébé, nommé Hareton, me fut confié. Hindley, de son côté, devint méchant et tyrannique envers tout le monde ; les serviteurs en eurent assez et, bientôt, seuls Joseph et moi nous sommes restés. Heathcliff, pour sa part, se délectait de voir Hindley se dégrader. Notre maison devint un enfer et plus personne ne nous rendait visite excepté Edgar Linton qui venait voir Catherine.

À quinze ans, Catherine était une ravissante jeune fille au caractère obstiné. Heathcliff, qui avait 16 ans à l'époque, avait abandonné tout désir de s'instruire. Il était devenu lourd et brutal et prenait plaisir à se montrer déplaisant. Un après midi où Hindley était sorti, Heathcliff voulut passer l'après midi avec Cathy mais celle-ci attendait Edgar Linton. Tiraillée[15] entre ses deux amis, Cathy me fit une scène violente et me pinça le bras. Puis elle secoua le petit Hareton qui pleurait, et enfin gifla Edgar qui tentait de s'interposer. Après cette dispute, Catherine et Edgar se déclarèrent leur amour.

Un moment plus tard, Mr Hindley rentra. Je cherchai à mettre le petit Hareton, alors âgé de deux ou trois ans, à l'abri de la folie de son père. Furieux, Hindley prit l'enfant

15. tiraillé(e) : attiré(e) dans des directions différentes.

et l'emmena en haut de l'escalier. Tandis que l'enfant hurlait de terreur, son père le tint au dessus de la rampe et le lâcha par inadvertance. Heathcliff, qui arrivait à ce moment-là, le rattrapa. Après avoir remis l'enfant sur ses pieds, on put voir sur son visage qu'il regrettait amèrement de l'avoir sauvé.

Mr Hindley dit à Heathcliff :

– Reste hors de ma vue, je ne voudrais pas te tuer ce soir.

Et il se servit un verre de cognac.

– Arrêtez de boire, faites-le pour votre fils, sauvez votre âme, lui dis-je.

Il nous dit de sortir en nous maudissant avec violence et grossièreté. Comme je berçais le petit pour l'endormir, je vis que Heathcliff était couché dans un coin, silencieux. Cathy arriva dans la cuisine, l'air troublé. Elle versa quelques larmes et me dit :

– Je suis bien malheureuse, Nelly. Edgar Linton m'a demandé aujourd'hui de l'épouser et j'ai accepté. Pourtant, il y a un obstacle là et là, dit-elle en se frappant du poing le front et la poitrine. Si mon frère n'avait pas humilié[16] Heathcliff, je n'aurais pas besoin d'épouser Edgar. Je ne pourrai jamais dire à Heathcliff combien je l'aime.

À ce moment, je vis Heathcliff se glisser dehors sans que Catherine ne le voie.

– Mon amour pour lui est immortel.

Cette nuit-là, on chercha Heathcliff partout, en vain. Il y eut un violent orage et Cathy, désespérée, attrapa une forte fièvre car elle était restée sous la pluie à l'attendre. Elle guérit et devint de plus en plus colérique et hautaine. Son frère cédait à tous ses caprices. Elle épousa Edgar

16. humilier : rabaisser, déshonorer quelqu'un.

trois ans après la mort des parents de ce dernier. Je fus forcée d'aller vivre avec Catherine et, le cœur serré, je dus laisser le petit Hareton, qui venait d'avoir cinq ans.

* * *

Je fus malade durant quatre semaines. Lorsque je commençai à aller mieux, je priai Mrs Dean de reprendre son récit.

– À Thrushcross Grange, Cathy allait mieux que je ne l'espérais. Mr Linton était patient et indulgent à son égard et respectait ses périodes de tristesse et de silence. Hélas, cette période de bonheur prit fin.

Un soir que je rentrais du jardin chargée d'un panier de pommes, j'entendis une voix derrière moi. Je reconnus Heathcliff. Il avait les joues pâles et les yeux enfoncés.

– Dites à Cathy que quelqu'un de Gimmerton, le village voisin, l'attend, dit-il.

Après être allée voir Heathcliff, Cathy revint dans la maison et se jeta au cou de son mari.

– Heathcliff est de retour ! s'écria-t-elle.

– Inutile de m'étrangler en raison du retour de ce domestique qui a pris la fuite, répondit Edgar.

Elle obligea les deux hommes à se serrer la main. Heathcliff était devenu grand et fort et semblait avoir dompté[17] sa sauvagerie. En comparaison, Mr Linton semblait frêle[18] et juvénile[19].

– Vous avez disparu pendant trois ans, dit Cathy à Heathcliff sur un ton de reproche.

---

17. dompter : maîtriser, dominer.
18. frêle : fragile.
19. juvénile : qui a l'air jeune.

– J'ai mené une vie dure pendant ces années, et c'est pour vous que j'ai lutté, répondit-il.

Heathcliff, Mr Heathcliff, devrais-je dire, s'installa à Hurlevent et vint régulièrement rendre visite à Cathy. Isabelle, la sœur de Mr Hindley, avait à l'époque 18 ans ; elle s'éprit de Heathcliff.

– Je l'aime plus que vous n'avez jamais aimé Edgar, dit-elle un soir à Cathy.

– Ma pauvre enfant, c'est de la folie. Vous ignorez sa nature cruelle et impitoyable. Heathcliff est en train de déposséder Mr Edgar de ses biens en l'encourageant à jouer et à boire, ajoutai-je.

Le lendemain, alors que Heathcliff était venu en visite, Catherine dit en désignant Isabelle :

– Voici quelqu'un qui vous adore !

Isabelle sortit en pleurant.

– Je l'aime trop pour la laisser entre vos griffes, ajouta Cathy.

– Elle héritera de son frère ? demanda Heathcliff.

– Si Dieu le veut, ce sont nos enfants qui hériteront. Laissons-donc ce sujet, répondit Cathy.

Au cours de la soirée, je vis un sourire grimaçant sur le visage de Heathcliff. Je décidai de veiller sur Edgar qui lui était bon et loyal.

CHAPITRE 3

Un jour, Heathcliff s'approcha de la maison et rencontra Isabelle qui donnait du grain aux pigeons dans la cour. Il ne savait pas que je regardais par la fenêtre, et je le vis embrasser la jeune fille. Lorsque Cathy lui reprocha ce geste, Heathcliff répondit sèchement :

– Vous m'avez traité d'une manière diabolique. Maintenant, mêlez-vous de vos affaires !

Lorsque je racontai toute la scène à Mr Linton, celui-ci demanda à Heathcliff de quitter la maison. Catherine prit sa défense et Mr Linton, saisi d'une crise d'angoisse, pâlit d'humiliation.

– Félicitations, Cathy, pour votre choix, se moqua Heathcliff.

Edgar lui donna un coup violent dans la poitrine qui lui coupa le souffle. Heathcliff partit avant que les hommes appelés à l'aide par Edgar le jettent dehors.

– Je suis presque folle et je vais tomber malade, dit Cathy.

– Comptez-vous renoncer à voir Heathcliff ? demanda Mr Linton.

Les yeux révulsés[20], pâle comme la mort, elle s'enferma dans sa chambre dont elle ne sortit pas pendant trois jours. Pendant ce temps, Edgar mit sa sœur en garde : si elle épousait Heathcliff, leurs liens de parenté seraient rompus.

Trois jours plus tard, Cathy sortit de sa chambre, les cheveux emmêlés et l'air épuisé.

– Que fait Edgar alors que je me meurs ? s'écria-t-elle. Dites-lui que je vais me laisser mourir de faim. Elle se mit

20. les yeux révulsés : les yeux retournés dont on ne voit plus que le blanc.

à déchirer son oreiller avec ses dents et son délire tourna à la folie. Elle poussa un cri aigu en se voyant dans la glace. Puis elle continua :

– Après être entrée dans cette chambre, j'ai eu une vision. Je me suis crue dans mon lit à barreaux à Hurlevent après la mort de mon père quand Hindley a décidé de nous séparer, Heathcliff et moi. Regardez les lumières de Hurlevent, dit-elle, alors qu'on ne pouvait pas les voir. Heathcliff, je ne resterai jamais tranquille tant que vous ne serez pas avec moi.

Edgar entra dans la chambre et prit Catherine dans ses bras.

– Retournez à vos livres, dit Cathy à son mari. Je n'ai plus besoin de vous.

Peu après, une servante qui rentrait d'aller chercher du lait s'écria :

– Miss Linton s'est enfuie avec Mr Heathcliff ! La fille du maréchal ferrant chez qui ils se sont arrêtés les a reconnus.

– Ma sœur m'a désavoué, nos liens sont rompus, nous n'irons pas à sa recherche, me dit Edgar.

On n'eut pas de nouvelles des fugitifs pendant deux mois, durant lesquels Mrs Linton eut un violent accès de fièvre cérébrale. Mr Linton la soigna avec la plus grande attention. Au mois de mars, elle semblait aller enfin mieux.

Isabelle, pour sa part, écrivit à son frère pour l'informer de son mariage avec Heathcliff. Mr Linton ne répondit pas. Quelque temps plus tard, Isabelle m'adressa une lettre : « *Heathcliff est-il humain ? Si oui, est-il fou ? Si non, est-il un démon ? L'accueil à Hurlevent fut abominable ; Joseph fit la grimace et Hareton lâcha presque son bouledogue à moitié sauvage sur moi. Quant à Mr Hindley Earnshaw, il me montra un étrange pistolet, pourvu d'un couteau à cran d'arrêt à double tranchant, et me pria de bien fermer la porte : "Si un jour je ne la trouve pas fermée, je vais le tuer. Et surtout qu'il ne parte pas car je veux récupérer tout l'argent que j'ai perdu.", dit-il. Lorsque je demandai à Joseph de me montrer ma chambre, il me conduisit à un grenier dans lequel un sac de grain me servirait de lit. "La chambre de Heathcliff est toujours fermée et personne n'y entre jamais." ajouta-t-il. Lorsque tout le monde fut monté se coucher, je m'installai dans la grande salle sur les conseils de Joseph. Je m'assis sur une chaise au coin du feu et m'endormis instantanément. Heathcliff rentra et me réveilla en sursaut. "Catherine est malade à cause d'Edgar. Tu vas payer pour lui en attendant que je puisse mettre la main sur lui." dit-il. Je n'aurais pas eu plus peur d'un tigre ou d'un serpent venimeux que de lui. Je me suis conduite comme une folle mais n'en dites rien à personne à Thrushcross Grange. Nelly, j'attends votre visite. »*

* * *

– Je n'ai rien à pardonner à Isabelle, dit Mr Linton lorsque je lui parlai de la lettre. Je ne suis pas fâché mais triste de l'avoir perdue. Sa famille et la mienne n'entretiendront plus aucune relation et je souhaiterais qu'elle puisse convaincre son mari de quitter Hurlevent.

Lorsque j'allai rendre visite à Isabelle, je fus frappée par l'aspect sombre et lugubre* de la grande salle. Isabelle elle-même était pâle et négligée. Heathcliff, en revanche, avait belle apparence. Il me demanda des nouvelles de Catherine.

– Elle semble rétablie mais a beaucoup changé. La Catherine d'aujourd'hui ne ressemble plus du tout à celle que vous avez connue.

Lorsqu'il me demanda de lui organiser un tête-à-tête avec Catherine, je refusai, expliquant qu'une nouvelle altercation entre Edgar et lui la tuerait.

– Ce misérable Edgar ne pourra aimer Catherine en une vie autant que je l'aime en un jour, s'écria-t-il.

– Vous devriez traiter Isabelle avec les égards auxquels son rang l'a habituée, dis-je.

– Elle a abandonné son confort pour une illusion. Elle m'a vu comme un personnage de roman. On dirait qu'elle commence maintenant à mieux me connaître et a enfin compris que je ne l'aimais pas. Si elle voulait me quitter, elle le pourrait.

– Ne l'écoutez pas, cria Isabelle. J'en ai déjà fait l'essai et n'oserais pas le renouveler. Aujourd'hui, ma plus grande joie serait de mourir ou de le voir mort.

Heathcliff voulut ensuite s'entretenir seul à seul avec moi.

– Je n'ai pas de pitié pour elle, ajouta-t-il, puis il me dit : Nelly, il faut absolument que je voie Catherine.

Alors que je refusai, Heathcliff répéta sa demande cinquante fois, me menaça de me séquestrer à Thrushcross Grange, de tuer Edgar s'il le gênait, de sortir ses pistolets si les domestiques intervenaient. Je fus donc finalement obligée d'accepter de faire passer une lettre à Catherine et d'avertir Mr Heathcliff lorsqu'elle serait seule à la maison. Était-ce bien ou mal ? J'espérais que l'entrevue aiderait à la guérison de Catherine.

4 CHAPITRE 4

Ma santé s'améliore et le printemps approche. Mrs Dean poursuit son récit.

Je gardai la lettre pendant trois jours. Puis le dimanche qui suivit, alors que toute la maisonnée était partie à l'église, je décidai de la donner à Catherine. Elle avait un regard mélancolique et lointain, était pâle et semblait condamnée à décliner. Elle lut la lettre distraitement sans sembler en saisir le sens. Tandis que j'attendais sa réponse, Heathcliff arriva à la porte et prit Catherine dans ses bras. Celle-ci l'embrassa et Heathcliff la couvrit de baisers pendant cinq minutes. En regardant son visage, il eut une angoisse mortelle.

– Vous et Edgar avez brisé mon cœur et m'avez tuée, s'écria Catherine. Je voudrais que nous mourions tous les deux. M'oublierez-vous ? Mais vous ne m'avez jamais fait de mal. Approchez-vous.

Heathcliff la serra dans ses bras si fort que je crus qu'il allait l'étouffer. Il avait les yeux humides de larmes.

– Vous m'avez trahie, Catherine. Puisque vous m'aimiez, pourquoi m'avez-vous abandonné ?

– Je vous demande pardon, répondit Catherine. Vous aussi m'avez abandonnée.

– Je vous pardonne.

On entendit mon maître qui arrivait.

– Je dois partir, dit Heathcliff.

Mais Cathy le retenait de toutes ses forces. Edgar entra. Catherine s'évanouit. Heathcliff supplia Edgar de lui porter secours et sortit. Je promis de lui donner des nouvelles.

– Je resterai dans le jardin et gare à vous si vous ne tenez pas parole[21], dit-il.

Cette nuit-là, naquit cette Catherine que vous avez vue à Hurlevent. Elle était chétive[22], étant venue au monde deux mois avant terme. La mère mourut deux heures après la naissance, laissant Edgar dans un profond désarroi, aggravé par le fait que l'enfant n'était pas un héritier mâle. Pauvre petite, ses premières heures dans la vie furent privées d'affection. Le lendemain matin, je crus lire sur le visage de Catherine un apaisement. Edgar semblait dormir à côté d'elle. Je sortis de la maison à la recherche de Heathcliff qui était dans le jardin.

– Je sais qu'elle est morte, dit-il. Ne pleurez pas, soyez tous maudits, elle ne veut pas de vos larmes. Il trembla au moment de prononcer son nom.

– Comment est-elle morte, me demanda-t-il ? A-t-elle parlé de moi ?

– Elle est partie calmement, répondis-je, sans reprendre connaissance.

Heathcliff entra dans une vive colère :

– Catherine Earnshaw, puissiez-vous ne jamais connaître le repos. Vous avez menti, vous avez dit que je vous avais tuée. Revenez donc me hanter. Je ne peux pas vivre sans vous, vous êtes toute ma vie.

Et il se frappa la tête contre un tronc d'arbre et se mit à hurler comme une bête sauvage. Son front et ses mains étaient tâchés de sang.

Mr Earnshaw n'assista pas aux obsèques de sa sœur et Isabelle ne fut pas invitée. En dehors de Mr Linton, seuls

---

21. tenir parole : faire ce que l'on a dit qu'on ferait.
22. chétif/ve : physiquement faible.

des domestiques et des fermiers y participèrent. Catherine ne fut enterrée ni avec sa famille, ni avec sa belle famille mais dans un talus envahi par la végétation de la lande.

5 CHAPITRE 5

Ce vendredi, alors que les beaux jours semblaient arrivés, un vent de nord-est amena de la pluie puis de la grêle et de la neige. Je berçais la petite en regardant tomber les flocons. La porte s'ouvrit et Isabelle entra en criant et en riant. Elle était très légèrement vêtue et avait une profonde coupure sous une oreille ; son visage était pâle et égratigné et elle semblait épuisée.

– Allez commander la voiture et dites à une femme de chambre de prendre quelques vêtements pour moi dans un placard.

Elle accepta de changer de vêtements, de laisser soigner sa coupure et de boire une tasse de thé. « J'ai pleuré Catherine car nous nous sommes quittées sans nous réconcilier. Mais je ne peux pas pleurer avec cette brute ! » me confia Isabelle.

À ces mots, elle jeta son alliance au feu et cria :

« – Je le briserai puis je le brûlerai ! La haine d'Heathcliff envers moi est si forte qu'il ne me poursuivra pas. Je dois fuir. J'ai cessé d'aimer ce monstre. Hindley devait assister aux obsèques de Catherine mais au lieu d'y aller, il a bu du gin et du brandy devant la cheminée. Heathcliff ne s'était pas montré depuis une semaine et lorsqu'il a voulu rentrer à la maison, Hindley a décidé de fermer les portes et il m'a montré son étrange pistolet muni d'un couteau dont je vous ai parlé dans ma lettre et a dit "Ma décision est prise, je vais l'exécuter." J'ai alors prévenu Heathcliff "N'essayez pas d'entrer, Mr Earnshaw pourrait vous tirer dessus." Mais Heathcliff a brisé la fenêtre et m'a ordonné de le laisser entrer par la porte de la cuisine. "Pourquoi n'allez-vous pas mourir sur la tombe de Catherine comme un chien fidèle ?" lui ai-je demandé. Heathcliff s'est alors jeté sur l'arme d'Earnshaw. Le coup est parti et le couteau est entré dans le poignet de ce dernier. Le sang a jailli et Earnshaw a perdu connaissance. Heathcliff l'a piétiné et l'a frappé à la tête à plusieurs reprises. Puis il a grossièrement soigné son poignet blessé. Il a crié en me secouant violemment "Vous avez conspiré avec Earnshaw contre moi."

Ce matin, je suis descendue environ une heure avant midi. Mr Earnshaw et Heathcliff étaient presque aussi décomposés l'un que l'autre. Je me suis agenouillée auprès d'Earnshaw et, à sa demande, je lui ai donné un verre d'eau. Puis je lui ai raconté comment Heathcliff l'avait frappé alors qu'il était au sol.

– Si Dieu me donnait la force de l'étrangler, dit Earnshaw.

– Votre sœur vivrait encore sans lui, ajoutai-je.

Voyant que Heathcliff se mettait à verser des larmes, je me suis mis à rire avec dédain[23].

– Si Catherine avait vécu et avait accepté de se dégrader en vous épousant, sa haine face à votre conduite abominable aurait un jour éclaté.

À ces mots, Heathcliff a saisi un couteau et me l'a lancé à la tête. J'ai été touchée derrière l'oreille. Après avoir demandé à Joseph de s'occuper de son maître, je suis partie et j'ai couru tout au long du chemin jusqu'ici. »

Après avoir bu une gorgée de thé et s'être habillée, Isabelle monta dans la voiture. On ne la revit plus jamais par ici. Elle et mon maître s'écrivirent régulièrement.

23. le dédain : le mépris.

Elle s'établit dans le Sud, près de Londres. Quelques mois plus tard elle donna naissance à un garçon qu'elle appela Linton et qu'elle décrivit comme faible et maussade[24]. Lorsque Heathcliff apprit la nouvelle de la naissance de son fils, il dit qu'il le reprendrait quand il en aurait envie. Isabelle mourut alors que le jeune Linton avait un peu plus de douze ans. Edgar vécut désormais en ermite[25] dans son jardin et ses terres. Il abandonna sa charge de magistrat et cessa de fréquenter l'église et le village. Mais le temps lui apporta de la résignation et une douce mélancolie. Il s'attacha rapidement à sa petite Cathy.

* * *

Earnshaw suivit sa sœur d'à peine six mois.

– Il est mort fidèle à lui-même, totalement ivre, m'expliqua le docteur Kenneth. Il avait le même âge que vous : à peine 27 ans. Je partis vite pour Hurlevent. Lorsque je voulus amener Hareton, le fils de Mr Earnshaw, à Thruschcross Grange, Heathcliff répondit :

– Je veux faire son éducation ; si vous me le prenez, je reprendrai mon fils.

Le jeune Hareton n'avait plus rien : son père avait emprunté de l'argent à Heathcliff pour satisfaire sa passion du jeu.

Les douze années qui suivirent furent les meilleures de ma vie. Je vivais avec Edgar et la petite Cathy à Thruschcross Grange, tandis qu'Heathcliff et Hareton résidaient à Hurlevent. La petite poussait bien ; elle

---

24. maussade : d'humeur chagrine et désagréable.
25. un ermite : une personne qui vit isolée.

devint une enfant belle et affectueuse, turbulente mais jamais rude. Elle se montrait toutefois parfois obstinée et impertinente. Curieuse, elle fut une excellente élève.

– Est-ce la mer qu'il y a derrière ces montagnes, me demanda-t-elle un jour ? Elle n'avait jamais franchi la grille du jardin seule.

– Non, ce sont d'autres montagnes, répondis-je.

– Vous y êtes donc allée, Nelly. J'irai aussi, sur mon poney !

6 CHAPITRE 6

Edgar Linton reçut un jour un courrier de sa sœur, Isabelle, qui lui apprenait qu'elle était malade et condamnée. Elle voulait dire au revoir à son frère et lui confier son fils. Edgar partit donc pour trois semaines. Il demanda à ce que Catherine ne sorte du parc sous aucun prétexte. Il insista.

Comme Catherine avait l'air de s'ennuyer, je l'envoyai se promener à pied ou à cheval. Elle restait parfois dehors du déjeuner jusqu'au goûter. Un matin, je lui donnai à sa demande une grande quantité de provisions. Lorsque l'heure du goûter arriva, le chien de chasse qui l'avait accompagnée rentra mais Catherine resta introuvable. Je partis à sa recherche et un ouvrier qui réparait la clôture du domaine me dit qu'il l'avait vue sauter la barrière le matin. J'étais affolée, me disant qu'elle avait pu se blesser en tombant. J'arrivai à Hurlevent et je fus soulagée de l'y trouver. Elle parlait gaiement avec Hareton, qui était devenu un grand et vigoureux garçon de dix-huit ans.

– Vous serez privée de sortie jusqu'au retour de votre père ! dis-je en prenant un air fâché pour dissimuler mon soulagement. À treize ans, se conduire ainsi comme un bébé est inadmissible. Je dus lui courir après pour la forcer à mettre son chapeau.

– Si vous saviez à qui appartient cette maison, vous seriez heureuse de partir, ajoutai-je.

Elle pensa d'abord que c'était la maison du père d'Hareton, puis que celui-ci était un domestique.

– Tu pourras bien être damnée avant que je te serve de domestique, s'écria Hareton.

Une employée de Hurlevent lui révéla qu'Hareton était son cousin.

– Lui, mon cousin !, s'écria Catherine.

Et elle se mit à pleurer à chaudes larmes. Hareton, touché, lui offrit un chiot pour la consoler. Hareton était fort et beau mais il était habillé pour les travaux à la ferme et le braconnage.[26] Il semblait n'avoir peur de rien, ce qui lui avait permis d'échapper aux mauvais traitements physiques de Mr Heathcliff. Joseph l'avait encouragé à être fier de sa famille et, s'il avait pu, il aurait même monté le jeune homme contre Heathcliff. Mais il avait trop peur de ce dernier.

* * *

Isabelle mourut. Catherine, vêtue d'une robe noire, attendait le retour de son père et l'arrivée de son cousin, âgé de six mois de moins qu'elle seulement, avec la plus grande impatience. Nous étions allées les attendre à la grille. En se retrouvant, Catherine et son père échangèrent des caresses un long moment. Le petit Linton Heathcliff dormait dans la voiture. Pâle et délicat, il ressemblait beaucoup à son oncle Edgar, mais avec une mauvaise humeur maladive qu'Edgar n'avait jamais eue.

– Ton cousin n'est pas aussi fort et gai que toi, dit Edgar à sa fille. Il vient de perdre sa mère et il n'aura pas envie de jouer ni de courir partout le premier jour. Laisse-le tranquille pour ce soir.

– Oui, Papa, répondit Catherine, mais je voudrais le voir.

26. le braconnage : la chasse illégale.

L'enfant se réveilla et il se mit à pleurer. À la maison, il s'allongea sur le divan et nous lui avons servi une tasse de thé. Catherine lui caressa les cheveux, l'embrassa sur les joues et lui donna à boire comme à un bébé. Il cessa de pleurer et sourit faiblement.

– Cela ira très bien, si nous pouvons le garder, me dit mon maître.

À peine avais-je mis Linton au lit que Joseph arriva.

– Heathcliff m'a envoyé chercher son fils et je ne peux pas rentrer sans lui, dit-il.

– Il ira à Hurlevent demain, répondit Mr Linton. Il est fatigué et sa santé est en ce moment très fragile. De plus, sa mère désirait qu'il reste avec moi.

Joseph insista mais Mr Linton ne céda pas.

– Heathcliff viendra le chercher demain et on verra si vous osez le mettre dehors, dit Joseph avant de partir.

* * *

Le lendemain matin de bonne heure, je dus conduire le jeune Linton à Hurlevent sur un poney. Lorsque je lui dis qu'il allait voir son père, il fut étonné :

– Ma mère ne m'avait jamais dit que j'avais un père.

– Il faut que vous essayiez de l'aimer comme vous aimiez votre mère, lui dis-je.

Nous avons fait le trajet sous un beau soleil. Je lui parlai de la maison et de Hareton.

– Comment est mon père ? me demanda l'enfant.

– Il a les yeux et les cheveux noirs et l'air sévère. Mais si vous êtes ouvert et affectueux avec lui, il vous aimera plus qu'aucun oncle puisqu'il est votre père.

Nous sommes arrivés à Hurlevent.

– Voyons ce que nous pourrons faire de ce garçon, dit Heathcliff.

Il regarda son fils, rit et ajouta :

– C'est encore pire que je ne le pensais.

L'enfant ne comprit pas et se mit à pleurer.

– Arrive ici, nous n'allons pas te faire de mal. Ta mère t'a-t-elle parlé de moi ? continua Heathcliff.

– Non, répondit Linton.

Alors que je me préparais à repartir, Heathcliff me dit qu'il serait bon avec l'enfant. Il avait besoin de lui pour mettre ses plans à exécution. Et il ajouta :

– Mais je suis déçu par cet enfant au visage blême[27].

Je sortis et entendis Linton crier :

– Ne me laissez pas ! Je ne veux pas rester ici !

Lorsque Cathy s'éveilla, elle pleura en apprenant le départ de son cousin. Puis les jours passèrent et son souvenir s'estompa.

– Je n'ai jamais vu un garçon aussi craintif et soucieux de lui-même, me dit l'employée de Hurlevent lorsque je la rencontrai. Son père ne lui manifeste aucune affection.

Le jour des seize ans ans de Cathy, je sortis me promener avec elle dans la lande. Le soleil était chaud, les alouettes chantaient. Nous nous sommes éloignées et nous sommes arrivées près de Hurlevent. Là, nous avons rencontré Heathcliff et Hareton. Heathcliff nous attira vers la maison.

– Mon intention est que Linton et Catherine tombent amoureux, me dit Heathcliff. Ainsi, si Linton meurt, j'hériterai de la propriété d'Edgar Linton. Lorsque nous

27. blême : extrêmement pâle.

sommes entrées dans la maison et que Catherine a reconnu Linton, elle s'est jetée à son cou.

– Venez quand vous voulez mais ne le dites pas à votre père, dit Heathcliff.

Il veilla à instaurer une rivalité entre Linton et Hareton. Nous rentrâmes à Grange et Catherine ne put s'empêcher de raconter à son père ce qui s'était passé.

– Mr Heathcliff est un homme diabolique. Il prend plaisir à écraser ceux qu'il hait. C'est pour ton bien que je t'ai empêchée de revoir Linton.

Catherine voulut écrire à Linton mais je refusai. Je trouvai un jour dans un tiroir un paquet de lettres d'amour écrites par Linton à Catherine. Je les pris et les jetai au feu, menaçant Catherine de tout raconter à son père si elle s'opposait à leur destruction.

CHAPITRE 7

À l'automne, mon maître attrapa un refroidissement et il dut rester à la maison pendant presque tout l'hiver. Par une journée pluvieuse, alors que j'accompagnai Catherine en promenade, nous avons rencontré Heathcliff près de la grille du jardin.

– Vous avez joué au grand amour avec Linton il y a deux ou trois mois, et lui a pris la chose au sérieux. Il se meurt pour vous. Il va à la tombe[28] et vous seule pouvez le sauver en lui rendant visite.

Je ne pus détourner Catherine des mots de Heathcliff et je l'accompagnai auprès de Linton dès le lendemain. Le sol était mouillé, j'étais fatiguée et de mauvaise humeur.

– Ne me serrez pas trop fort, dit Linton à Catherine qui l'embrassa à notre arrivée.

Mr Heathcliff était à la chasse et nous avons trouvé Linton fiévreux et faible, avec une toux épuisante. Il nous expliqua qu'il haïssait tout le monde dans la maison. Après une dispute avec Catherine au sujet de leurs parents, les jeunes gens se réconcilièrent.

Linton posa sa tête sur les genoux de Catherine qui lui récita un long poème. Catherine promit à Linton de revenir et je promis à Catherine que je lui interdirai de revenir. Je pris froid en rentrant et je dus pour la première, et j'espère la dernière fois de ma vie, garder le lit pendant trois semaines. Catherine fut une garde-malade affectueuse, se partageant entre son père et moi. Lorsque je commençai à aller mieux, je lui demandai de me faire la lecture le soir.

28. la tombe : le lieu dans la terre dans lequel on met les morts.

Mais chaque soir elle semblait fatiguée et désireuse d'aller se coucher. Je trouvai sa conduite étrange. Le troisième jour, alors qu'une légère couche de neige couvrait le sol, je la vis rentrer sur son poney. Elle entra sans bruit dans la maison et fut surprise en me voyant. Elle se jeta à mon cou en pleurant, me faisant promettre de ne pas la gronder si elle me racontait la vérité.

– Je suis allée à Hurlevent chaque jour depuis que vous êtes tombée malade, de six heures et demie à huit heures et demie. Un soir, j'ai rencontré Hareton Earnshaw, qui me pria d'entrer par la porte principale. En l'ouvrant, il me dit :

– Je sais lire, Miss Catherine !

– Et les chiffres ? ai-je demandé.

– Je ne peux pas encore les lire.

– Oh, idiot ! ai-je dit en riant. Il a rougi et s'en est allé, vexé.

– Arrêtez, Miss Catherine, dis-je. Hareton est votre cousin autant que le jeune Linton Heathcliff. De plus, il est intelligent, il a seulement été traité injustement par Heathcliff.

– Attendez la suite, Nelly. Lorsque je suis entrée dans la maison, Linton était fatigué et nous avons commencé à parler. Tout à coup, Hareton a ouvert brusquement la porte. Il a saisi Linton par le bras en disant avec colère : « Va-t-en dans ta chambre ! Partez tous les deux ! » Et il a fermé la porte de la cuisine, tandis que Joseph ricanait. Linton était blême et tremblant. « Si tu ne me laisses pas entrer, je te tuerai ! » a-t-il crié. Puis il est tombé et a eu un terrible accès de toux et du sang est sorti de sa bouche. Je suis vite allée chercher Zillah, la servante, et quand je suis revenue, Hareton transportait le pauvre Linton en haut. On ne m'a pas laissée le revoir mais Zillah m'a assuré qu'il irait mieux rapidement. Avant de partir, j'ai dit à Hareton que je raconterai tout à

Papa et qu'il serait mis en prison et pendu. « Miss Catherine, j'ai beaucoup de chagrin, c'est vraiment trop méchant », m'a-t-il répondu. Je lui ai donné un coup de cravache et je suis partie au galop en l'entendant jurer[29] horriblement. Linton est souffreteux et égoïste, mais j'ai appris à le supporter. Nous n'avons eu que trois soirées joyeuses et confiantes.

Lorsque Miss Catherine eut terminé son récit, j'allai à la chambre de mon maître et lui racontai toute l'histoire, sauf les conversations avec Hareton Earnshaw. Son père interdit à Catherine de retourner à Hurlevent. Tout ce que Catherine obtint fut qu'il écrirait à Linton pour l'inviter à venir à Grange.

* * *

– C'était l'hiver dernier, Monsieur, dit Mrs Dean, il y a à peine plus d'un an. Pourquoi paraissez-vous si gai et si curieux quand je parle de Catherine ? Et pourquoi m'avez-vous demandé d'accrocher son portrait au dessus de votre cheminée ?

– Catherine écouta-t-elle son père ? demandai-je.

– Oui. Puis un jour Edgar Linton me confia : Nelly, je veux que mon neveu écrive ou vienne ici. Peut-on espérer une amélioration chez lui lorsqu'il sera devenu un homme ?

– Tout ce que je peux affirmer est qu'il ne ressemble pas à son père. Si elle l'épouse, Catherine pourra le dominer.

Un peu plus tard, Edgar écrivit de nouveau à Linton. Celui-ci répondit que Mr Heathcliff s'opposait à ce qu'il aille à Grange, mais que lui espérait rencontrer Edgar lors de ses promenades. Il demanda également à ne pas rester complètement séparé de

29. jurer : dire des grossièretés ou des blasphèmes.

sa cousine : « *Venez à cheval du côté de Hurlevent et laissez-nous échanger quelques paroles en votre présence, écrivit-il. Cher Oncle, permettez-moi de vous rencontrer. Mon père dit que je suis plus votre neveu que son fils.* »

Edgar, dont la santé l'empêchait d'accompagner Catherine pour le moment, répondit qu'ils pourraient peut-être se rencontrer en été. Catherine et Linton finirent par obtenir de faire une fois par semaine une promenade à pied ou à cheval dans la lande qui entourait Grange sous ma surveillance. Edgar estimait qu'une union avec Linton était le seul moyen pour Catherine de garder la maison de ses ancêtres. Ni lui ni personne ne soupçonnait que Linton s'affaiblissait. Heathcliff, comme je l'appris plus tard, le poussait à paraître en bonne santé.

* * *

Par une journée de forte chaleur, j'accompagnai Catherine pour sa première rencontre avec son cousin. Nous l'avons trouvé allongé sur la bruyère, extrêmement pâle. Catherine lui demanda avec anxiété s'il se sentait plus mal que d'habitude.

– Non, mieux, mieux, dit-il d'une voix défaillante. Je me sens fatigué, Papa dit que je grandis trop vite.

Il avait des difficultés à soutenir une conversation.

– Cette chaleur m'épuise. Dites à mon oncle que ma santé est bonne.

Catherine me confia ensuite : « On dirait qu'il a voulu me voir de peur que son père ne le gronde. »

Linton nous supplia de rester une demi-heure et il s'endormit. Lorsqu'il s'éveilla, nous sommes rentrées à la maison en promettant de revenir le jeudi suivant.

CHAPITRE 8

L'état d'Edgar Linton s'aggrava. Catherine passait son temps au chevet de son père ou restait dans la bibliothèque avec lui. Elle était très pâle. J'obtins facilement que nous allions voir son cousin car son père pensait que la promenade lui ferait du bien. Il était également persuadé que son neveu lui ressemblait autant moralement que physiquement. Nous sommes donc allées retrouver Linton dans la lande.

– Il est tard, dit-il à notre arrivée.

– Pourquoi ne pas être franc et ne pas dire tout de suite que vous n'avez pas envie de me voir ? répondit Catherine.

– Méprisez-moi, Catherine, car je suis un misérable, un lâche. Mais je suis trop peu pour votre colère. Haïssez mon père et réservez-moi le mépris.

– Quel garçon imbécile et stupide ! cria Catherine très en colère. Nelly, dites-lui comme sa conduite est honteuse.

Linton pleurait.

– Je suis un traître aussi. Mais si vous me laissez, je serai tué. Mon père me menace, j'ai peur de lui.

J'entendis un bruit et je vis Heathcliff qui approchait.

– C'est rare de vous voir par ici, Nelly. Quelles sont les nouvelles de Grange ? Edgar Linton est-il vraiment en danger de mort comme on le dit ?

– Oui c'est vrai, répondis-je.

– Ce garçon-là, ajouta-t-il en regardant Linton, a l'air de vouloir ruiner mes plans. J'espère bien que son oncle partira avant lui.

– Il devrait être dans son lit avec un docteur, dis-je.

– Lève-toi, cria Heathcliff.

– Nelly, raccompagnez-le ! dit Heathcliff.

Linton s'accrochait à Catherine et celle-ci n'eut pas le cœur à le repousser. Catherine avait pourtant promis à son père de ne pas aller à Hurlevent. Nous avons pris le chemin de Hurlevent et lorsque nous sommes entrés dans la maison, Heathcliff a aussitôt fermé la porte à clé.

– Vous prendrez le thé avant de rentrer chez vous ! dit-il.

Les yeux noirs de Catherine brillaient de colère.

– Je n'ai pas peur de vous, donnez-moi cette clé !

Elle réussit presque à la lui prendre.

– Éloignez-vous ou vous allez rouler par terre, ajouta-t-il.

Elle se jeta à nouveau sur lui et le mordit pour qu'il ouvre la main qui tenait la clé. Il lui donna une série de terribles tapes sur la tête. Comme j'essayai d'intervenir, il me frappa à la poitrine. La bataille cessa au bout de deux minutes.

– Maintenant allez rejoindre Linton. Je suis le seul père qu'il vous restera bientôt. Vous savez maintenant ce qui vous attend si je revois cet air de révolte dans vos yeux.

– Dites-nous ce que votre père a en tête, dis-je à Linton dès que Heathcliff sortit de la cuisine.

– Papa veut nous marier demain matin. Vous devez passer la nuit ici et il vous laissera rentrer demain à Grange, où vous pourrez m'emmener.

– Mais quelle femme voudrait vous épouser ? Vous nous avez attirées ici et j'ai très envie de vous battre, dis-je.

– Ne me laissez pas, sauvez-moi, dit Linton. Catherine, ne m'aimez-vous pas ?

– Je sortirai d'ici en brûlant une porte s'il le faut, dit Catherine.

Heathcliff revint et ordonna à son fils de monter se coucher.

– Je promets d'épouser Linton, je l'aime. Il est inutile de me forcer. Mais laissez-moi partir car mon père serait malheureux de ne pas me voir rentrer ce soir.

À neuf heures, Heathcliff nous envoya nous coucher dans la chambre de Zillah qui était en congé. La fenêtre était trop petite pour que nous espérions pouvoir sortir. Nous n'avons pas fermé l'œil de la nuit. À sept heures le lendemain, Heathcliff vint chercher Catherine mais me laissa enfermée dans la chambre. Hareton vint un peu plus tard m'apporter à manger. Malgré mes protestations et mes supplications, je restai prisonnière cinq jours et cinq nuits.

* * *

L'après midi du cinquième jour, Zillah arriva.

– Mrs Dean, on raconte au village que vous et Catherine êtes tombées dans le marais du Cheval noir. Mr Heathcliff vous a-t-il sauvées ?

– Le scélérat[30] ! Il devra en répondre, dis-je.

– Mr Heathcliff dit que vous pouvez retourner à Grange et que Catherine pourra vous suivre pour arriver à temps pour l'enterrement* du maître.

– Mr Edgar est donc mort ? demandai-je

– Non, le docteur Kenneth lui donne encore un jour à vivre.

Je descendis vite l'escalier et vis Linton qui, allongé sur un banc, suçait un morceau de sucre candi. Lorsque je lui demandai où était miss Catherine, il me répondit :

– Catherine est ma femme. Mon père dit qu'elle me hait et il souhaite que je meure pour avoir mon argent. Mais il n'aura pas mon argent et elle ne retournera pas chez

30. un scélérat : personne qui peut commettre un crime.

elle. Je ne peux pas aller auprès d'elle car elle pleure sans cesse d'une manière exaspérante, même quand mon père menace de l'étrangler si elle ne se calme pas. Mon oncle va mourir. J'en suis heureux car je vais après lui devenir le maître de Grange.

* * *

Je partis à Grange chercher du secours pour ma maîtresse. À mon arrivée, l'étonnement et la joie des autres domestiques furent intenses. J'allai annoncer à Mr Edgar que Catherine était sauve. Il avait l'air très triste et beaucoup plus jeune que ses trente neuf ans. Je lui racontai ce qui était arrivé. Edgar décida de changer son testament, mettant sa fortune entre les mains d'un administrateur pour les besoins de Catherine et ses enfants si elle en avait. Rien ne pourrait ainsi aller à Heathcliff si Linton mourait. J'envoyai un messager chez le procureur et quatre hommes armés pour libérer Catherine. Ce ne fut pas un succès : Mr Green, l'homme de loi, ne pouvait passer que le lendemain matin et Heathcliff n'avait pas permis aux hommes de voir Catherine qui était trop malade pour quitter sa chambre. La nuit, à trois heures du matin, on frappa à la porte. Ma chère Catherine me sauta au cou en pleurant :

– Nelly, Papa vit-il encore ?

Elle passa un moment de calme avec son père. Celui-ci lui baisa sa joue et dit :

– Je vais rejoindre ta mère, et toi, mon enfant chéri, tu viendras nous rejoindre.

Et il mourut sans aucune lutte. Catherine resta à côté

de lui jusqu'à l'aube. À l'heure du dîner, l'homme de loi arriva. Il revenait de prendre ses instructions après de Mr Heathcliff car il était à sa solde[31]. Il renvoya tous les domestiques sauf moi. Catherine, désormais Mrs Linton Heathcliff, eut l'autorisation de rester à Grange tant que le corps de son père y serait. Catherine me raconta qu'elle s'était échappée de Hurlevent par une fenêtre grâce à l'aide de Linton qui fut puni pour son soutien.

Le soir de l'enterrement, Catherine et moi parlions de notre avenir, assises dans la bibliothèque. Nous souhaitions qu'on nous autorise à rester à Grange et que Linton nous y rejoigne. Heathcliff entra alors sans frapper. Il était le maître et profitait de son privilège. Il avait été accueilli dans cette pièce en hôte dix huit ans auparavant.

– Je viens vous ramener à la maison. J'espère que vous ne pousserez plus mon fils à la désobéissance. Je l'ai puni et nous sommes restés seuls tous deux pendant deux heures sans que je le touche. Depuis, ma présence agit sur lui comme un fantôme.

– Pourquoi ne pas laisser Catherine et Linton à Grange, demandai-je ?

– Je cherche un locataire pour Grange. De plus, je désire avoir mes enfants près de moi. Enfin, Catherine me devra des services en échange du pain qu'elle me coûtera.

– Linton est le seul être qu'il me reste à aimer sur cette terre, dit Catherine. Vous n'arriverez pas à nous transformer en ennemis. Vous, Mr Heathcliff, personne ne vous aime, vous êtes isolé comme le diable !

31. être à la solde de quelqu'un : travailler pour lui, obéir à ses ordres.

– Allez-vous en sorcière, et prenez vos affaires. Nelly, me dit-il, hier j'ai ouvert le cercueil* de Cathy et j'ai payé le fossoyeur pour faire en sorte que nos deux cercueils communiquent quand je serai enterré là.

Et il me raconta que le jour de l'enterrement de Cathy, il était allé déterrer sa tombe et avait senti la présence de Cathy près de lui.

– Je n'ai cessé, depuis dix huit ans, d'être hanté par elle*, d'être le jouet de cette intolérable torture. Maintenant, depuis que je l'ai vue, je suis un peu calmé. Envoyez-moi cela demain, dit-il en regardant le portrait de Cathy qui était accroché dans la pièce.

– Au revoir Nelly, venez me voir, me dit ma petite maîtresse en partant.

– Pas question Mrs Dean, dit Heathcliff. Je n'ai pas besoin de votre indiscrétion chez moi.

CHAPITRE 9

Je n'ai pas revu Catherine depuis son départ. J'ai rencontré Zillah dans la lande il y a environ six semaines, peu avant votre arrivée. Voici ce qu'elle me raconta :

« Le premier soir, Catherine courut s'enfermer dans la chambre de Linton jusqu'au matin. Le lendemain, elle demanda un docteur pour lui.

– Je ne dépenserai pas un liard[32] pour lui, répondit Heathcliff.

La figure blanche et les yeux lourds de Catherine indiquaient que Linton devait se montrer capricieux nuit et jour.

Linton est mort en une nuit. Après, Catherine n'est pas sortie de sa chambre pendant quinze jours. Heathcliff est monté pour lui lire le testament de Linton : sous la menace, il avait légué toute sa fortune et celle de Catherine à son père.

Un dimanche où Mr Heathcliff était sorti et Joseph était à la paroisse, Catherine est descendue. Hareton avait fait un effort pour se rendre présentable.

– J'ai froid depuis un mois, dit-elle. Et elle s'est assise sur une chaise loin de nous. Puis elle a pris des livres dans la bibliothèque et Hareton l'a aidée. Attiré comme un enfant, il lui a touché les cheveux avec une grande douceur.

– Allez-vous en tout de suite. Comment osez-vous me toucher ? a crié Catherine et elle s'est remise à feuilleter les livres.

---

32. pas un liard : une toute petite somme d'argent.

– Mr Hareton voudrait que vous fassiez la lecture, ai-je dit à la demande d'Hareton.

– Je vous méprise et n'ai rien à dire à aucun de vous ! Vous êtes restés à l'écart quand j'avais besoin d'un mot affectueux.

Depuis, je reste à distance. Personne ne l'aime et elle répond toujours avec aigreur, même au maître. Plus elle est battue, plus elle devient agressive », acheva Zillah.

Pour le moment, ajouta Mrs Dean, je ne vois aucune solution, à moins qu'elle ne se remarie.

* * *

Je retrouve rapidement mes forces et décide d'aller dire à mon propriétaire que je passerai les six prochains mois à Londres. Rien ne me ferait séjourner ici un second hiver. Hier, je suis allé à Hurlevent comme prévu. Mr Heathcliff était sorti mais Hareton Earnshaw me fit entrer. Ce garçon est du plus beau type paysan mais ne fait rien pour tirer parti de ses avantages.

Catherine était en train d'éplucher des légumes et paraissait morose[33] et silencieuse. Elle ne répondit pas à mon bonjour. « Elle est belle mais peu aimable », pensai-je. Je lui glissai le mot que Mrs Dean m'avait supplié de lui remettre mais Hareton l'intercepta. Puis il le lança à Catherine qui le lut avec avidité[34].

– Comme j'aimerais aller là-bas, dit ensuite Catherine, je suis à bout d'être enfermée. J'aimerais répondre mais je n'ai rien pour lire ni écrire. Mr Heathcliff ne lit pas et s'est

33. morose : personne qui est triste.
34. l'avidité : un désir très fort d'avoir quelque chose.

mis en tête de détruire tous les livres. Quant à Hareton, il s'efforce d'apprendre à lire tout seul. Il choisit mes livres préférés et les lit en faisant des fautes grossières. Et elle l'imita. Hareton, blessé, corrigea Catherine et jeta les livres au feu. Heathcliff rentra. Il semblait anxieux et amaigri.

– Je suis heureux que vous alliez mieux, me dit-il.

– Je pars pour Londres la semaine prochaine, expliquai-je, et je ne reviendrai pas ici.

– Restez dîner, ajouta Heathcliff.

Ce dernier était sombre et Hareton complètement muet. En repartant, on ne me laissa pas revoir Catherine. Si j'avais emmené Catherine vivre en ville avec moi, comme l'avait souhaité Mrs Dean, cela aurait été un conte de fées.

1802

En septembre dernier, invité à la chasse dans le Nord par un ami, je me trouvai près du village de Gimmerton. Je décidai de m'y rendre. En route, je regardai le paysage, splendide en été, lugubre en hiver. J'arrivai à Grange dans la soirée. Une vieille femme fumait une pipe. Je me présentai.

– Vous auriez dû prévenir, dit la vieille femme. Il n'y a pas un coin sec ni habitable dans toute la maison.

Pendant qu'elle me préparait ma chambre, je fis une promenade au soleil couchant qui me mena au domaine de Mr Heathcliff. Portes et fenêtres de la maison étaient ouvertes ; je m'approchai d'une fenêtre et j'entendis une voix claire qui disait :

– Contraire, grand benêt[35]. Je ne vous le redirai plus.

– Contraire, répondit une voix grave. Embrassez-moi pour m'être si bien souvenu.

– Non, relisez d'abord correctement.

L'homme commença à lire. Son beau visage brillait de plaisir. Une petite main pâle était posée sur son épaule et lui tapait légèrement la joue à chaque manque d'attention. Les deux jeunes gens s'embrassèrent et sortirent se promener dans la lande sans me voir. Ma vieille amie Mrs Dean cousait en chantant devant la porte de la cuisine.

– Bienvenue, Mr Lockwood ! dit-elle en me voyant.

Je lui dis que je voulais régler mes affaires avec son maître.

---

35. un benêt (adjectif et nom) : un garçon d'une simplicité naïve.

– Vous n'avez pas l'air de savoir que Mr Heathcliff est mort il y a trois mois, me dit-elle.

Après m'avoir offert un verre de bière, elle me raconta la suite de l'histoire de Heathcliff.

– Une quinzaine de jours après votre départ, je fus appelée à Hurlevent pour y séjourner et je m'en réjouis. J'imaginais que Catherine et moi nous pourrions mener une existence assez agréable, notamment grâce aux livres que j'introduisis en cachette. Mais Catherine devint vite nerveuse et agitée. Elle souffrait de la solitude et cherchait en permanence querelle[36] à Joseph et Hareton. Elle prit l'habitude de lire à haute voix. Quand Hareton était là, elle s'arrêtait au milieu d'un passage intéressant et laissait traîner le livre. Mr Heathcliff devenait de moins en moins sociable. Un jour, Catherine dit à Hareton :

– J'aimerais bien vous avoir comme cousin si vous n'étiez pas si méchant envers moi.

– Allez au diable, répondit ce dernier.

– Vous devriez faire la paix avec votre cousine, dis-je. Elle regrette ses impertinences.

Catherine déposa un baiser sur la joue de son cousin. Hareton releva la tête avec un air embarrassé. Catherine me dit de lui apporter un livre emballé dans du papier fin avec la mention « Mr Hareton Earnshaw ». Peu après, je vis deux visages radieux penchés sur une page du livre. Les ennemis devinrent des alliés. Mr Lockwood, le jour de leur mariage, il n'y aura pas, dans toute l'Angleterre, une femme plus heureuse que moi.

Catherine manifestait son amitié à Hareton avec peu de discrétion.

36. chercher querelle : chercher une dispute.

– J'ai perdu tout intérêt pour la vie, me confia un soir Mr Heathcliff. Tout à l'heure, j'ai vu en Hareton la personnification de ma jeunesse. Sa ressemblance avec Cathy est frappante. Et le monde entier me rappelle que je l'ai perdue.

– Êtes-vous malade ? Avez-vous peur de la mort ? demandai-je.

– Non, et pourtant il faut que je rappelle à mon cœur la nécessité de battre.

* * *

Pendant les jours suivants, Mr Heathcliff nous évita aux repas et ne mangea qu'une fois par jour. Le ciel était bleu et le printemps était odorant.

– Mr Heathcliff est sorti, annonça Catherine après que celui-ci se fut absenté toute la nuit. Et il a l'air excité et heureux.

À son retour, je vis en effet qu'il était pâle et tremblait mais avait dans les yeux un éclat joyeux. Il passa à table avec nous à midi mais il ne mangea rien. Je lui demandai ce qui l'occupait. Il me fit une réponse mystérieuse.

– La nuit dernière j'ai été sur le seuil de l'enfer. Aujourd'hui j'entrevois mon ciel, répondit-il. Et maintenant allez-vous-en !

– Le soir, je lui apportai une chandelle et son dîner. Je le trouvai dans sa chambre regardant la pénombre à l'intérieur, le feu éteint, les fenêtres grandes ouvertes. Quel choc Mr Lockwood ! Avec ces yeux noirs profonds, ce sourire et cette pâleur, je crus voir un fantôme.

– D'où vient cet enfant tout noir recueilli par un brave homme pour sa ruine ? pensai-je en m'endormant.

Le lendemain matin, je préparai le déjeuner pour tout le monde comme d'habitude. Catherine et Hareton déjeunèrent dehors sous les arbres. En rentrant dans la maison, je trouvai Mr Heathcliff en bas. Je lui tendis un morceau de pain et lui dis de boire son café. Il ne semblait pas m'entendre et regardait quelque chose qui semblait être à deux mètres de lui. Cette chose semblait lui procurer à la fois un plaisir et une angoisse extrêmes. Elle semblait bouger et il la suivait des yeux. Il partit et sortit du jardin. Il rentra à minuit et je l'entendis aller et venir dans la salle du bas. Il poussait souvent un gémissement et prononça le nom de Catherine ainsi que quelques mots d'amour ou de souffrance. Je descendis et il me demanda de faire du feu.

– Je n'ai pas encore fait mon testament et n'arrive pas à me décider sur la manière de disposer de mes biens, dit-il.

– Attendez un peu pour votre testament, Mr Heathcliff, répondis-je. Vous êtes malade des nerfs.

– Il faut que j'atteigne la rive et je me reposerai, dit-il. Je veux être porté au cimetière le soir. Et faites attention que le fossoyeur[37] suive mes instructions au sujet des deux cercueils.

Peu après, j'envoyai chercher le docteur Kenneth. Lorsqu'il arriva, la porte de Heathcliff était fermée à clé. Il allait mieux et voulait qu'on le laisse seul. Le soir, je pus entrer dans sa chambre avec une autre clé et je le trouvai mort dans son lit. Il paraissait sourire. Je ne pus pas lui fermer les yeux. Hareton le pleura toute la nuit. Heathcliff fut enterré comme il l'avait souhaité. Les gens du pays les voient se promener, lui et Catherine. Pour ma part, je n'aime ni être dehors quand il fait nuit ni rester seule dans

37. le fossoyeur : celui qui est chargé de creuser la tombe d'une personne.

cette maison. Catherine et Hareton iront vivre à Grange dès leur mariage qui aura lieu le jour de l'an.

Je décidai de partir et sur la pente, près de la lande, je trouvai les trois tombes : celle de Catherine au milieu, celle d'Edgar Linton couverte d'herbe et de mousse, et celle de Heathcliff encore nue. Je me demandai comment on pouvait penser que le sommeil de ceux qui dormaient dans cette terre tranquille était troublé.

VOCABULAIRE

Mélancolie et tourment

Cauchemar : rêve désagréable et/ou qui fait peur.
Cercueil : caisse dans laquelle on met le mort avant de l'enterrer.
Effroi : très grande peur.
Enterrement : action de mettre une personne morte en terre.
Être hanté par quelqu'un : voir des apparitions d'une personne décédée.
Frissonner : avoir un mouvement nerveux involontaire, en raison de la peur ou du froid.
Lande : terre humide à la végétation composée de bruyères, fougères et herbes basses, sans arbres.
Lugubre : qui exprime la tristesse.
Marécage (marécageux) : terre couverte d'eaux peu profondes, en partie envahie par la végétation.
Orage (orageux) : perturbation atmosphérique avec des éclairs, du tonnerre et souvent de la pluie.

QUESTIONS POUR COMPRENDRE

Chapitre 1

1) Qui est le narrateur ?
2) Décrivez Heathcliff.
3) Qu'a écrit Catherine dans son journal ?
4) Pourquoi le narrateur refuse-t-il de dormir la nuit dans la chambre ?
5) Pourquoi est-il difficile de rentrer à Thrushcross Grange ?

Chapitre 2

1) Qui est Mrs Dean ?
2) Comment Heathcliff est-il arrivé dans la maison des Earnshaw ?
3) D'où vient le nom de Heathcliff ?
4) Quel accueil les enfants de Mr Earnshaw réservent-ils à Heathcliff au début ?
5) À quelle occasion Catherine fait-elle la connaissance d'Edgar et Isabelle ?
6) Quel est le comportement de Hindley après la mort de sa femme ?
7) Pourquoi Catherine choisit-elle d'épouser Edgar et non Heathcliff ?
8) Quels sont les sentiments d'Isabelle pour Heathcliff lorsqu'ils se rencontrent ?

Chapitre 3

1) Que promet Edgar à sa sœur si elle épouse Heathcliff ?
2) Qu'arrive-t-il à Catherine dans ce chapitre ?
3) Qu'explique Isabelle dans sa lettre à Nelly ?
4) Pourquoi Isabelle ne s'enfuie pas ?
5) Pourquoi Nelly accepte-t-elle de faire passer une lettre de Heathcliff à Catherine ?

Chapitre 4

1) Comment l'enfant de Catherine commence-t-elle sa vie ?
2) Dans quelles circonstances Catherine meure-t-elle ?
3) Quelle est la réaction de Heathcliff à la mort de Cathy ?
4) Comment se déroule l'enterrement de Cathy ?

Chapitre 5

1) Dans quelles circonstances Isabelle arrive-t-elle à Thrushcross Grange ?
2) Comment Hindley est-il blessé ?
3) Comment Isabelle est-elle blessée ?
4) Qu'arrive-t-il à Isabelle après son départ de Grange ?

Chapitre 6

1) Dans quelles circonstances la jeune Catherine fait-elle la connaissance de Hareton ?
2) Comprend-elle immédiatement qui il est ?
3) Pourquoi le jeune Linton arrive-t-il à Grange ?
4) Qu'apprend-on sur le tempérament de Linton dans ce chapitre ?
5) Qu'est-ce que Linton sait sur son père avant de le rencontrer ?
6) Quel est le projet de Heathcliff pour son fils ?

Chapitre 7

1) Qu'arrive-t-il à Mrs Dean dans ce chapitre ?
2) Qu'a fait Catherine pendant que Mrs Dean ne pouvait pas la surveiller ?
3) Pourquoi Linton ne vient-il pas à Grange ?
4) Dans quelles circonstances Linton et Catherine peuvent-ils se rencontrer ?
5) Pourquoi Edgar accepte-t-il que sa fille épouse Linton ?

Chapitre 8

1) Quel est l'état de santé de Linton ?
2) Comment Heathcliff réussit-il à attirer Catherine et Mrs Dean à Hurlevent ?
3) Que veut Heathcliff ?
4) Que décide Edgar concernant son testament avant de mourir ?
5) Comment Catherine fait-elle pour parvenir à voir son père avant sa mort ?
6) Pourquoi Catherine et Linton retournent-ils à Hurlevent après la mort d'Edgar ?

Chapitre 9

1) Qu'advient-il de Linton dans ce chapitre ?
2) Que mentionne son testament ?
3) Quels sont les sentiments de Hareton pour Catherine ?
4) Quel est l'état d'esprit de Catherine à cette période ?
5) Quel était l'espoir de Mrs Dean concernant Catherine et le narrateur ?

Chapitre 10

1) Pourquoi Mr Lockwood retourne-t-il à Grange ?
2) Comment la relation entre Catherine et Hareton évolue-t-elle ?
3) Quel est l'état d'esprit de Heathcliff ?
4) Comment Heathcliff meurt-il ?
5) Comment Heathcliff voulait-il être enterré ?
6) Que voit-on dans le village ?